5 MINUTOS PARA SOÑAR

MARVEL

Spider-Man
(Peter Parker)

Spider-Man
(Miles Morales)

Black Panther

Iron Man

Hulk

Ant-Man

Doctor Strange

Nick Furia

La Viuda Negra

Thanos

Pesadilla

Rhino

Kraven

Gigantes de Hielo

Lagarto

Mancha

Mysterio

Loki

MARVEL

SPIDER-MAN

La historia de Spider-Man

Peter Parker era un estudiante como cualquier otro. Vivía en Nueva York con su tía May y su tío Ben. Por desgracia, Flash Thompson, el abusón del instituto, siempre lo estaba atormentando.

Un día, Flash lo tiró al suelo y los libros y las carpetas de Peter se desparramaron por el suelo.

—¡Eh, Parker, mira por donde vas!
—se burló Flash.

Afortunadamente, en casa recibía
todo el amor y el apoyo que necesitaba.

—Peter, eres tan inteligente que podrás conseguir
todo lo que te propongas —dijo la tía May.

—Bueno, creo que me gustaría ser científico
—contestó Peter.

—La ciencia es poder —sentenció el tío Ben—.
Y nunca debes olvidar que un gran poder
conlleva una gran responsabilidad.

Pero la vida de Peter estaba a punto de dar un giro radical.

Durante una visita escolar al Museo de la Ciencia, Peter sufrió la picadura de una araña radiactiva. En ese momento, no podía ni imaginar el increíble impacto que este simple suceso tendría en su vida.

Tras la picadura, el chico descubrió que había desarrollado superpoderes arácnidos. Podía trepar por las paredes y tenía una fuerza enorme, así como un sentido arácnido que lo avisaba del peligro.

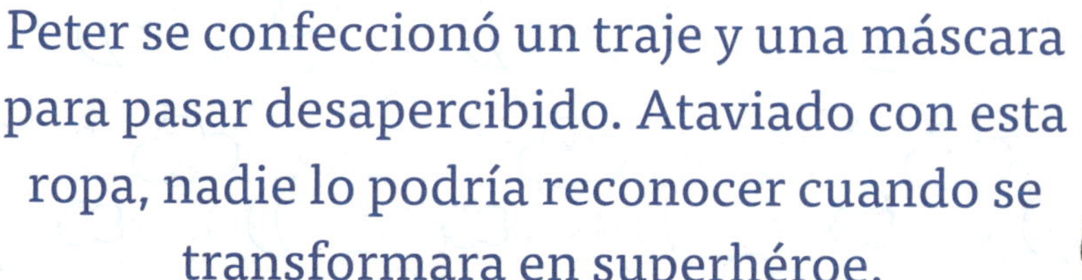

Peter se confeccionó un traje y una máscara para pasar desapercibido. Ataviado con esta ropa, nadie lo podría reconocer cuando se transformara en superhéroe.

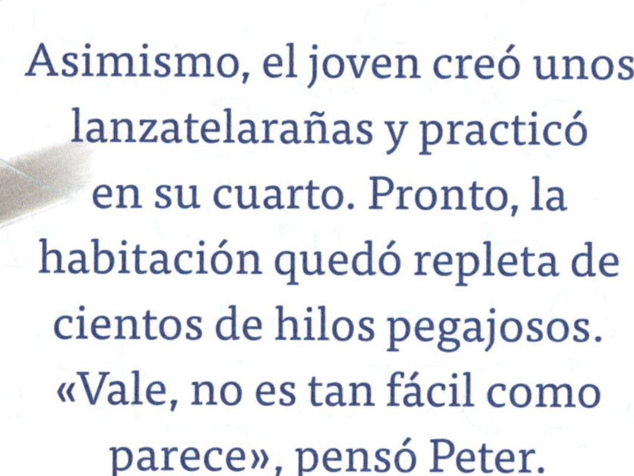

Asimismo, el joven creó unos lanzatelarañas y practicó en su cuarto. Pronto, la habitación quedó repleta de cientos de hilos pegajosos. «Vale, no es tan fácil como parece», pensó Peter.

El aprendiz de héroe tuvo una idea brillante: utilizar sus poderes de araña para ganar dinero. Así pues, Peter decidió convertirse en luchador profesional. En cada pelea, empleaba su potencia para derrotar al contrincante.

Una noche, Peter vio que alguien robaba dinero del gimnasio donde entrenaba, pero no hizo nada y el ladrón escapó.

Más tarde, al llegar a casa, la tía May le explicó entre lágrimas que un desconocido había atacado al tío Ben. Los agentes de policía les dijeron que el criminal se escondía en un viejo almacén.

Peter se puso el traje de Spider-Man
y cruzó la ciudad de tejado en tejado.
Estaba decidido a vengar a su tío.

En el almacén, Spider-Man lanzó una red y atrapó al criminal. Al verlo de cerca, descubrió que era el ladrón del gimnasio al que había dejado escapar. «¡Si lo hubiera detenido entonces!», pensó Peter. A partir de ese momento, decidió que siempre ayudaría a los demás. No permitiría que algo así volviera a suceder jamás.

Al día siguiente, en el instituto, todo el mundo hablaba del nuevo superhéroe.
Peter sonreía. Nadie sospechaba que él era Spider-Man.

Unos días después, Spider-Man tuvo que enfrentarse a un nuevo enemigo: Electro. Gracias a sus lanzatelarañas, el héroe arácnido logró derrotar al supervillano. Entonces, recordó las palabras de su tío: «Un gran poder conlleva una gran responsabilidad».

Peter Parker ya no era un adolescente como los demás. Ahora tenía poderes que le permitían escalar edificios en segundos y lanzar telarañas. ¡Peter Parker era... Spider-Man!

La araña insomne

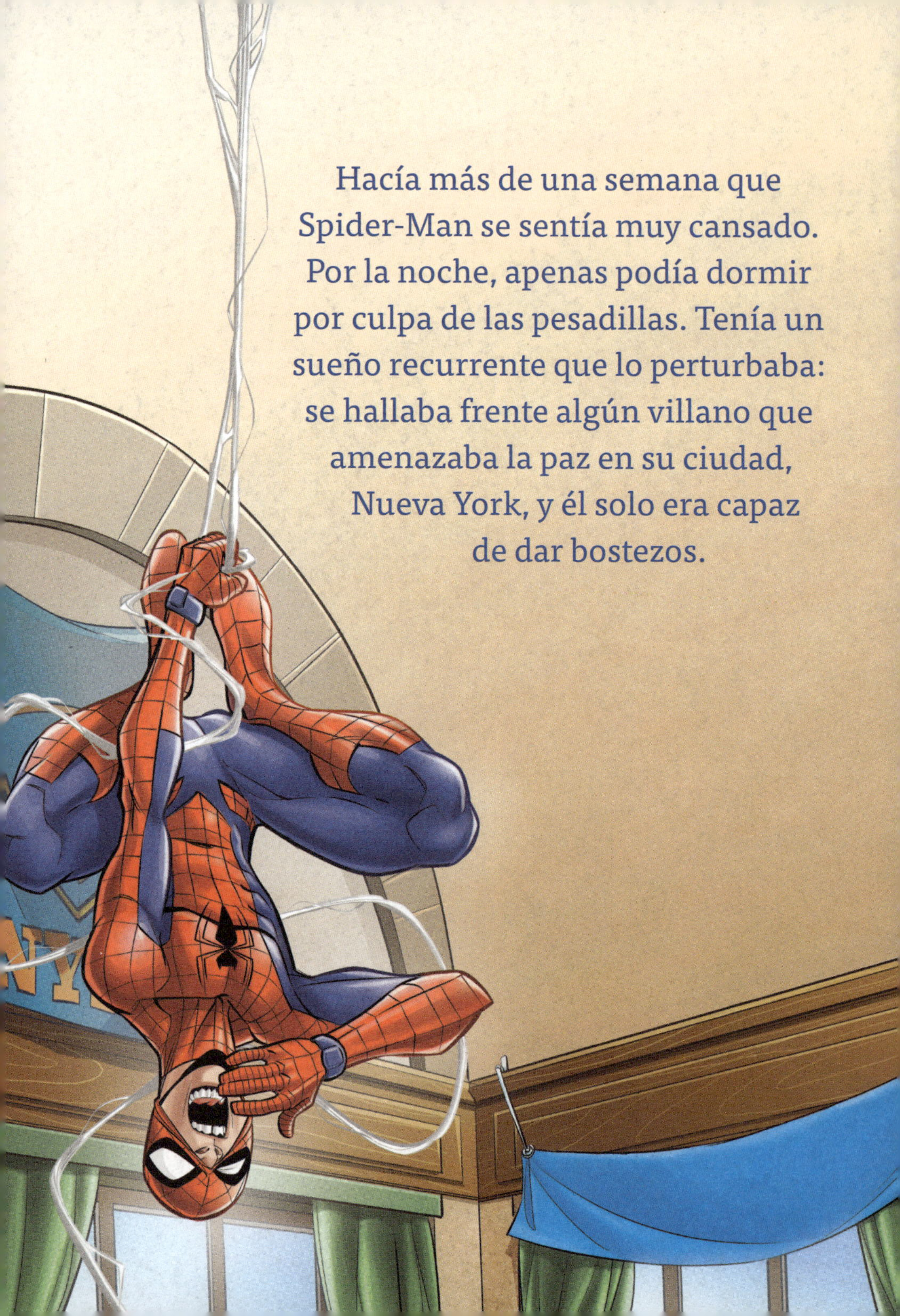

Hacía más de una semana que Spider-Man se sentía muy cansado. Por la noche, apenas podía dormir por culpa de las pesadillas. Tenía un sueño recurrente que lo perturbaba: se hallaba frente algún villano que amenazaba la paz en su ciudad, Nueva York, y él solo era capaz de dar bostezos.

Un día, mientras ahogaba un bostezo, el villano Shocker aprovechó la oportunidad para causar estragos en la gala que se celebraba en las instalaciones policiales. Pero Spider-Man supo reaccionar a tiempo y logró inmovilizar al criminal con sus telarañas.

—¡No solo es una amenaza, sino que además se duerme en el trabajo! —gritó J. Jonah Jameson, presente en la sala.

Este problema del sueño se estaba convirtiendo
en algo realmente preocupante.
Peter lo sabía y decidió consultar a un especialista
en sueños y en la mente humana.

—Doctor Strange —dijo el joven al ver a su viejo amigo—. Siento molestarle, pero tengo problemas a la hora de...

—¡DORMIR! —lo interrumpió el doctor. Luego añadió—: El Ojo de Agamotto me muestra que estás teniendo pesadillas. Y además me permitirá observarlas.

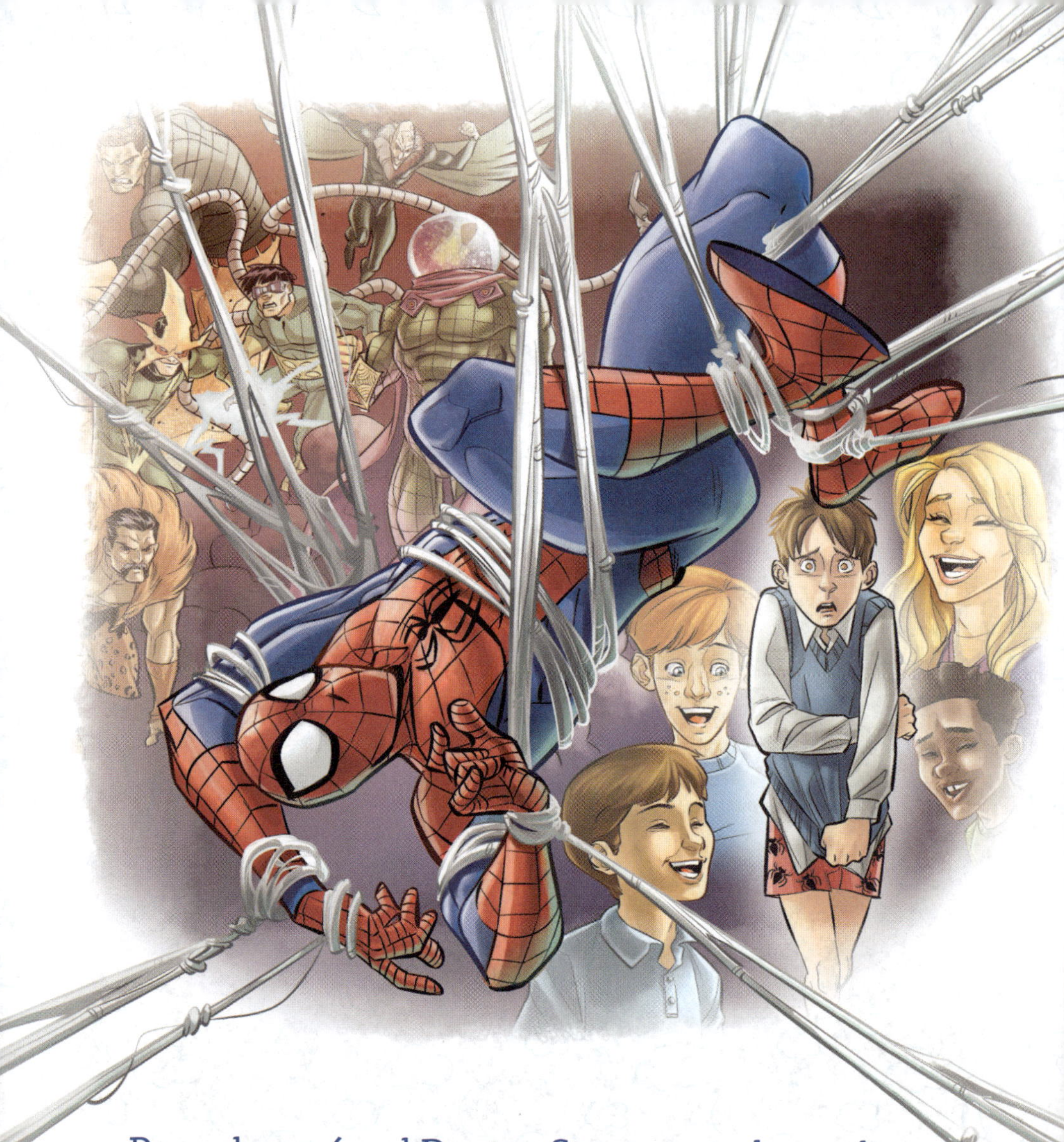

Poco después, el Doctor Strange pudo ver los sueños de Peter. En alguno de ellos, se le veía rodeado de sus compañeros de la escuela primaria, que se reían de él porque no llevaba pantalones. En otros, aparecían los Seis Siniestros capturando a Spidey.

—Quien altera tu sueño es ¡el villano Pesadilla! —gritó Strange—, la amenaza nocturna más temible.

El Doctor Strange chasqueó los dedos e hizo entrar a Peter en un trance profundo. Luego, con la ayuda del Ojo de Agamotto, el hombre inspiró hondo y se sumergió en los sueños del joven.

Y ahí estaba, de nuevo, sin pantalones y delante de toda la clase. Pero esta vez no estaba solo. El Doctor Strange estaba junto a él y lo instaba a que entendiera que únicamente se trataba de una pesadilla.

—¡Puedes controlar tus sueños! —le dijo Strange.

Peter se concentró y la clase se desvaneció. No obstante, en su lugar apareció el señor de los malos sueños, Pesadilla, y su fiel corcel.

—¡El Hechicero Supremo te ordena que abandones la mente de Spider-Man! —gritó Strange.

Pesadilla se limitó a reír y contestó:

—Obtengo mis poderes de los sueños, y con los de Spider-Man obtendré la fuerza necesaria para derrotarte.

Strange y Pesadilla se enzarzaron en un combate mágico. Estuviera o no en trance, Peter tenía que ayudar al Hechicero Supremo.

El joven usó el poder de su mente; se concentró tanto como pudo y, para su sorpresa, el sueño empezó a cambiar.

Ahora, el Doctor Strange y Pesadilla se hallaban sobre un gigantesco tablero de ajedrez... ¡y Spider-Man controlaba las piezas!

—¡Parece que Spider-Man está usando tus poderes contra ti! —le dijo Strange a Pesadilla.

En el tablero imaginario, Spidey fue eliminando una a una todas las piezas de Pesadilla. Al verse solo y vencido, el villano se retiró y abandonó la mente de Peter.

—¡Hoy has ganado tú, Strange, pero esto no quedará así! —gritó Pesadilla mientras salía galopando de la mente de Peter y se dirigía a su hogar, en el reino de las sombras.

—Estaré encantado de derrotarte de nuevo —dijo sonriendo el Doctor Strange.

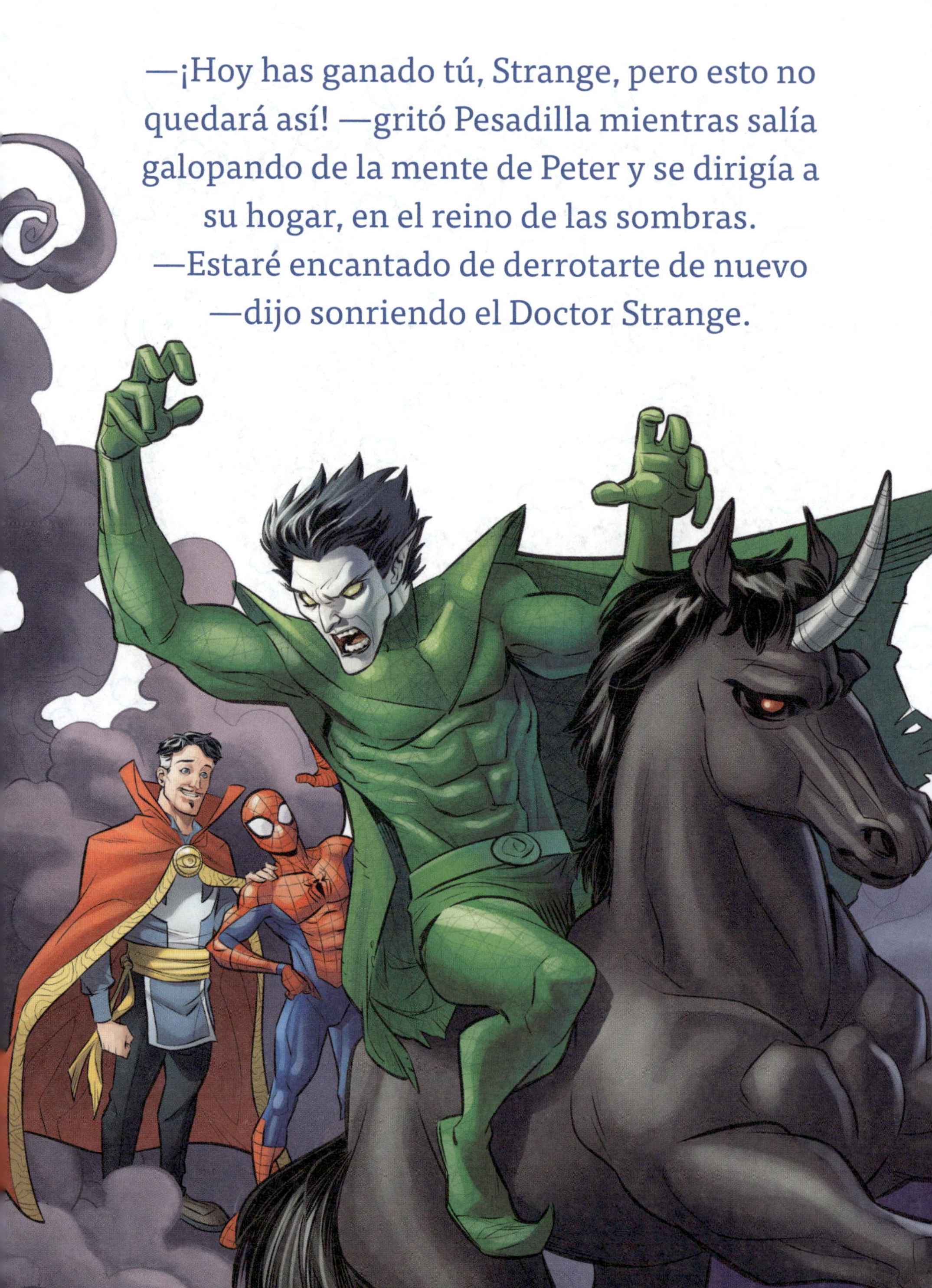

Peter se despertó de un sobresalto y se sintió aliviado al ver al Doctor Strange junto a él.

—¿Un té? —le propuso el hombre—. Seguro que calmará tu mente.

Spidey estaba agotado. Tras despedirse de su viejo amigo, el héroe se fue a casa, se puso el pijama y se acostó.

Por primera vez en muchos días, Peter Parker pudo dormir de un tirón toda la noche.

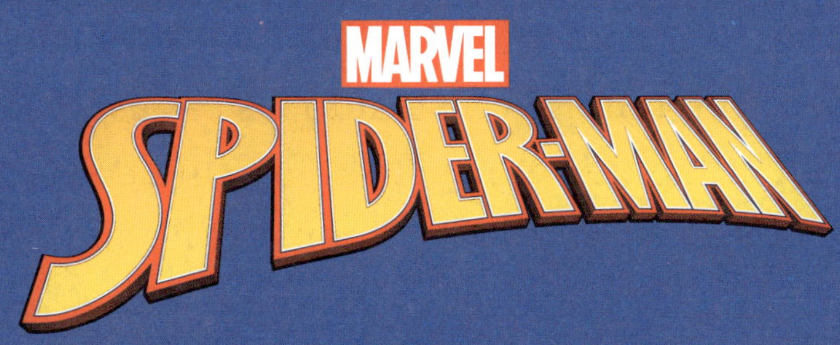

La mordida de la Viuda

Spider-Man recorría distraído las calles y tejados de la ciudad de Nueva York. Era fin de semana y la lucha contra el crimen estaba siendo más bien tranquila.

De repente, le pareció ver una cara familiar en lo alto de un edificio.

Fue hasta allí y se encontró cara a cara con la famosa Vengadora Viuda Negra!

—¡Buenos días! ¿Haciendo la ronda? —preguntó Spidey—. Yo tengo un día muy tranquilo, ¿y tú?

La Viuda Negra pareció sorprendida al verlo, pero luego le sonrió.

—Sí, también para mí es un día tranquilo —dijo ella.

Spider-Man se dio cuenta de que miraba algo a lo lejos. Era la Torre de los Vengadores.

—Si quieres, puedo acercarte —se ofreció el héroe.

—Sí, sería genial —respondió ella—. Me encantaría ver a los Vengadores de nuevo.

«Lo dice como si hiciera mucho tiempo que no los ve», pensó Spidey extrañado.

Sin darle más importancia a este pensamiento,
le dijo a la Viuda Negra que se subiera a sus espaldas.
Un segundo después, se dirigían a la Torre
de los Vengadores.

Cuando llegaron a la torre, Spider-Man puso su mano sobre el escáner de la entrada.

—Invitado de los Vengadores, Spider-Man. Identidad: Confirmada. Bienvenido —dijo la voz robótica.

—Qué edificio más amable —apuntó Spidey.

La puerta se abrió y Spider-Man se dispuso a entrar. La Viuda Negra lo siguió.

—¿No debes registrarte? —le preguntó él.

—Por supuesto —dijo ella, colocando la mano en el escáner de seguridad. En aquel mismo instante, se activó la alarma.

¡Aquella no era la Viuda Negra, sino una impostora! La falsa heroína se abalanzó sobre Spider-Man, lo empujó a un lado y se dispuso a entrar en la torre.

—Gracias por traerme, Spider-Man —se burló la villana—. Incluso me has abierto la puerta. Eres todo un caballero.

La Viuda Negra corrió hacia la entrada, pero en el último momento ¡la puerta se cerró y la impostora chocó contra ella!

—Creo que no eres bienvenida —dijo Spider-Man con una sonrisa.

La usurpadora disparó contra Spider-Man.
Por fortuna, un escudo apareció de la nada
y desvió el disparo.
Luego, un rayo de energía apareció desde arriba,
y cayó justo al lado de la impostora.

¡El Capitán América y Iron Man venían a ayudarlo!

—¡Cómo me alegro de veros, chicos! —dijo Spidey—. Ah, y aunque lo parezca, ¡esa NO es la Viuda Negra!

—Lo sabemos —dijo el Capitán América—. La Viuda Negra de verdad está en una misión en el extranjero.

—Y ella jamás te dispararía —añadió Iron Man mientras descendía para enfrentarse con la falsa Vengadora.

La impostora esquivó el escudo del Capi de un salto y dio una voltereta en el aire para disparar a Iron Man.

El superhéroe se lanzó sobre la Viuda Negra falsa, pero esta fue más rápida: se colocó detrás de él con un salto mortal y lo agarró por la espalda.

—Te arrepentirás, Iron Man —lo amenazó.

Pero la villana no contaba con el escudo del Capitán América, que la hizo caer al suelo con un golpe seco.

Spider-Man se sumó a la acción y ató las manos de la malvada con sus telarañas para evitar que lanzara descargas eléctricas.

Cuando Spider-Man tiró del pelo de la impostora para arrancarle el disfraz, el cuerpo de la villana cambió por completo. La falsa Viuda Negra se había transformado en el malvado Camaleón, un maestro del camuflaje.

—Ya me parecía que la Viuda Negra estaba un poco pálida hoy —dijo Spidey.

—Pues casi te lo crees —gruñó el Camaleón.

Mientras Iron Man se alejaba volando con el Camaleón para entregarlo a la justicia, Spider-Man le dijo al Capi:

—Espero que esto no signifique que nunca más podré entrar en la Torre de los Vengadores.

—Si no fuera por ti —empezó el Capi—, obligando a la impostora a pasar por el escáner de seguridad, el Camaleón se hubiera colado. Así que tranquilo, chaval, siempre serás bienvenido.

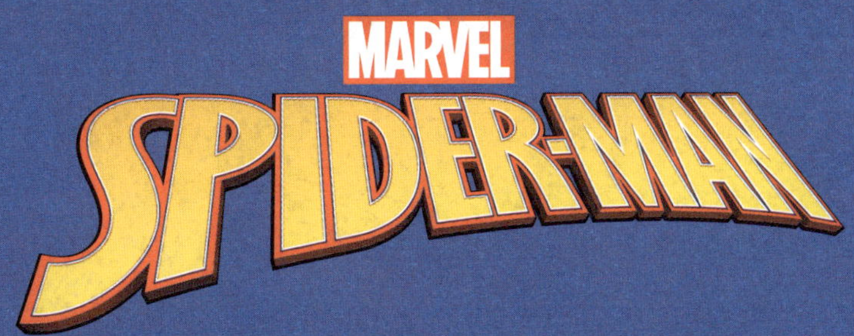

¡El ataque de Mysterio!

Peter Parker se dirigía a su trabajo, en las oficinas del *Daily Bugle*. Llegaba tarde y la única manera de ganar tiempo era usando los lanzatelarañas.

—Genial —se dijo mientras extendía otra red—. Si llego tarde de nuevo, el señor Jameson explotará.

Justo entonces, se produjo una explosión en
la última planta del edificio del *Daily Bugle*.
—¡Vaya! ¡No pensaba que fuera a explotar de verdad!
—exclamó Spidey—. Será mejor que me acerque.
Spidey se pegó a la fachada del edificio
y entró en él por una ventana rota.

Una vez dentro del edificio, oyó una voz atronadora que procedía de la sala de redacción:

—Ahora —dijo la extraña voz—, seréis testigos de la destrucción total y absoluta del *Daily Bugle*.

Spider-Man reconoció la voz. ¡Era Mysterio, uno de sus mayores enemigos! Spidey se acercó a hurtadillas y vio que Mysterio sujetaba a J. Jonah Jameson por la corbata. El resto del personal estaba aterrorizado.

—¡Nadie puede ayudarte, Jameson! ¡Ni siquiera Spider-Man! —gritó Mysterio.

—¡Ese soy yo! —dijo Spidey mientras irrumpía por la puerta para abalanzarse sobre el villano. Mientras el superhéroe y Mysterio se peleaban, Jameson intentó escapar, pero todas las puertas estaban cerradas por fuera. ¡Estaban atrapados!

—¡Spider-Man! —exclamó Mysterio—. Llegas en buen momento para vivir tus últimos minutos.

El villano alzó los brazos y la habitación se llenó de una densa humareda verde.

—¿Mis últimos minutos? —se preguntó Spidey desconcertado.

Entonces, la voz de Mysterio volvió a resonar.

—Cuando aparecí la primera vez, Jameson me prometió que me entregaría a Spider-Man. En lugar de eso, Spider-Man me derrotó, así que ahora ¡todos vais a pagar por ello! —gritó el villano.

De repente, Mysterio salió de entre el humo y se abalanzó sobre Jameson.

Spidey tenía que actuar con rapidez. Lanzó una red y se precipitó contra el villano, al que golpeó con fuerza. Luego, lanzó otra red contra Jameson para fijarlo a la pared y salvarlo.

—¡Siento decepcionarte, Mysterio! —dijo Spider-Man sonriendo—, pero no tengo intención de desaparecer hasta dentro de sesenta años como mínimo.

Spidey le quitó la escafandra a Mysterio y se quedó estupefacto al ver quién se ocultaba detrás de ella. ¡Era Peter Parker!

—¡Parker! —gritó Jameson—. ¿Tú eres Mysterio?

Mysterio era un maestro del disfraz, pero solo Spider-Man sabía que el villano no era el auténtico Peter Parker.

«Debe de ser el disfraz que pensaba utilizar para escapar», pensó Spidey.

Pero ¿cómo iba a salvar a sus compañeros del *Daily Bugle* y a demostrar que Peter no era Mysterio? Mientras pensaba en todo esto, el villano lo atacó.

«¡Uff, vaya fuerza!», pensó Spidey.
Cuando intentaba levantarse del suelo,
Mysterio le asestó otro golpe.
«¡No puedo creer que me esté pegando a mí mismo!».
A pesar de estar aturdido, Spider-Man se dio
cuenta de que la única persona que no estaba
allí era el verdadero Peter Parker. Y esa era la razón
por la que Mysterio lo usó a él de disfraz.
Entonces, se le ocurrió una idea.

Spidey, oculto por el humo, se puso una sudadera que había sobre una mesa y se quitó la máscara. El verdadero Peter Parker apareció entre la humareda y dijo:

—¡Eh, chicos! ¡Lamento el retraso!

Mysterio se dio media vuelta, sorprendido, y gritó:

—¡No! ¿Cómo has conseguido entrar?

La aparición del verdadero Peter Parker había funcionado. Mientras todos estaban distraídos, Peter se volvió a poner la máscara, se quitó la sudadera y se abalanzó sobre Mysterio.

Spider-Man disparó una red tras otra hasta que atrapó a Mysterio en una gran telaraña. Entonces, justo cuando Spidey salía por una ventana, la policía irrumpió en la redacción.

—Ahí lo tenéis, chicos —les dijo a los policías mientras se alejaba—. Un supervillano envuelto para regalo, por cortesía de ya sabéis quién.

Unos minutos después, el auténtico Peter Parker entró en la sala de redacción.

—¡Parker! ¡Llegas tarde! —gritó J. Jonah Jameson.

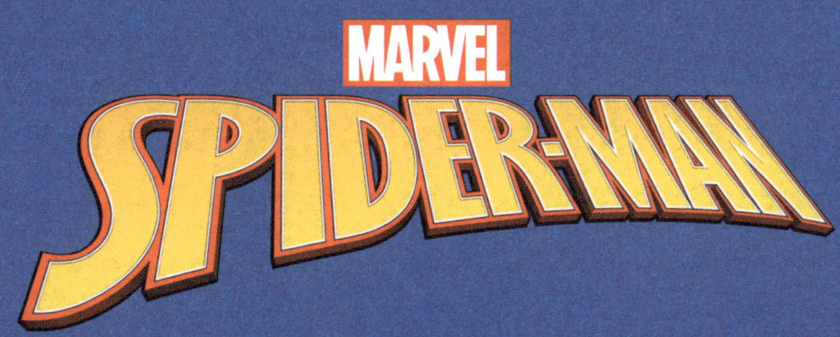

Dos Spider-Man

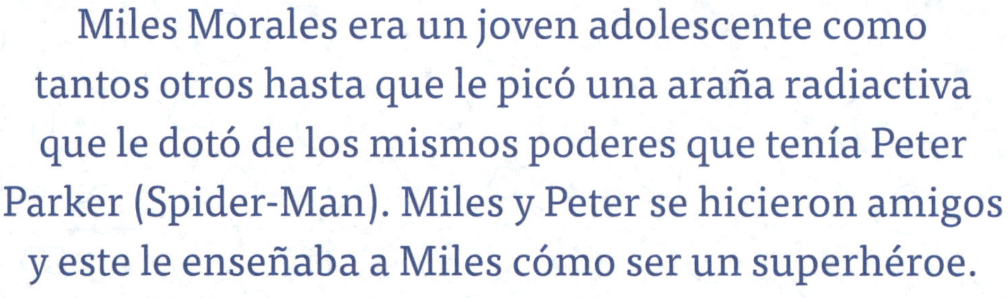

Miles Morales era un joven adolescente como tantos otros hasta que le picó una araña radiactiva que le dotó de los mismos poderes que tenía Peter Parker (Spider-Man). Miles y Peter se hicieron amigos y este le enseñaba a Miles cómo ser un superhéroe. Prepárate para leer una historia con ¡dos Spider-Man!

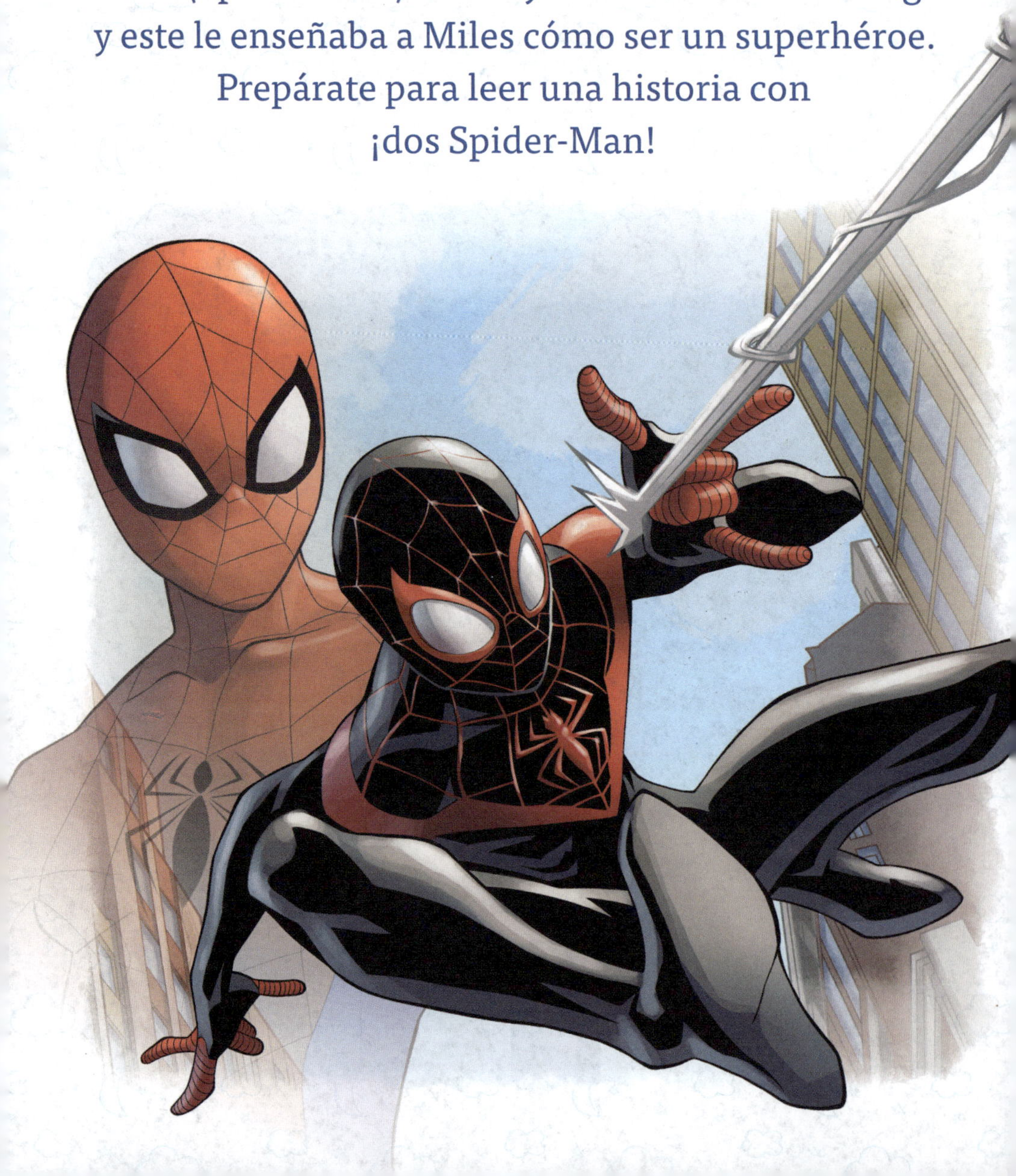

Un día, Miles y su amigo Ganke fueron al zoo de Central Park con sus compañeros de clase.

—¡Ganke, cuidado! —le gritó Miles a su mejor amigo.

Una estampida de animales salvajes se dirigía hacia ellos.

Miles sabía que tenía que ayudarle, pero no se podía poner su traje de Spider-Man delante de todos. Ganke era el único que sabía que tenía poderes.

—¿Cómo han escapado esos animales? —preguntó Ganke.

Como si quisiera responder a la pregunta, Rhino surgió de entre los árboles.

—¡Salta, tío! —le gritó Ganke a Miles—. ¡Te aplastará!

Por suerte, apareció el Spider-Man original, que enganchó a Rhino por el cuerno justo a tiempo, evitando que Miles tuviera que revelar su identidad secreta y, además, acabara con un montón de moratones.

Rhino sacudió la cabeza, quitándose a Spider-Man de encima. ¡BAM! Spidey se golpeó contra el suelo.

Miles corrió para ver cómo estaba Spider-Man. Antes de que pudiera hacer algo por él, Rhino agarró a Spidey por el tobillo...

... y lo lanzó por los aires a varios metros de distancia.
Miles se quedó solo frente a Rhino y le dijo:
—Nadie espanta a los animales ni a los niños pequeños cuando yo estoy cerca.
—Tienes agallas, chico, no lo negaré —resopló Rhino—. ¡Pero primero tengo que acabar con él!

El villano atacó de nuevo a Spidey, pero no sabía que Miles también era un Spider-Man. Miles miró hacia ambos lados. Todos sus compañeros de clase, incluso Ganke, se habían ido. ¡Perfecto! Sin pensárselo dos veces, Miles se puso la máscara y el traje.

Miles era ahora ¡Spider-Man! La patada que le dio a Rhino en la cabeza fue suficiente para que Peter pudiera liberarse de las zarpas del villano.

—¿Dos Spider-Man por el precio de uno? —se regocijó Rhino—. ¡Nos vamos a divertir!

—¡Ocúpate de los animales del zoo! —le pidió Peter a Miles mientras Rhino le daba una cornada.

Miles se puso manos a la obra. Luchó contra un cocodrilo y le ató la boca con telarañas para que no mordiera a nadie. Gracias a su habilidad de trepar por las paredes, Miles subió a lo alto de un árbol enorme y puso a salvo a un panda rojo peludito muy entrañable.

Luego, contuvo a un león electrificando el aire que lo rodeaba. Al final, Miles ayudó a todos los animales a encontrar sus hábitats.

Miles se preguntaba dónde estaban Peter y Rhino.

—¡Ay! ¡Ay! ¡Ay! —exclamó Peter cuando apareció de pronto rebotando de espaldas por el suelo hasta detenerse junto a Miles. El joven hizo broma de la situación y añadió—: Solo ha sido un mal aterrizaje. ¿Quieres ver si Rhino es capaz de vencer a dos Spider-Man juntos?

—¡Sí, claro! Pensaba que nunca me lo pedirías —dijo Miles sonriendo.

Juntos, los dos Spider-Man formaban un gran equipo.

—¡Buen viaje! —gritó Peter mientras ataba los pies de Rhino con una telaraña.

—¡Tío, tu feo careto asusta! —soltó Miles mientras le daba una descarga a Rhino.

—¡Vaya, bien hecho! —vitoreó Peter.

Rhino se estrelló contra el suelo
y quedó inconsciente.

—¿Alguna frase ingeniosa? —preguntó Peter.

—¿Qué te parece esto? —dijo Miles—: «Con gran atino, los Spider-Man dejamos fino a Rhino».

Peter soltó una gran carcajada.

Terminada la misión, los dos amigos se sentaron a disfrutar de un merecido refrigerio.

—Cuando Rhino se despierte —dijo Miles—, le será difícil verse encerrado.

—Esto le enseñará a comportarse con los animales —replicó Spidey.

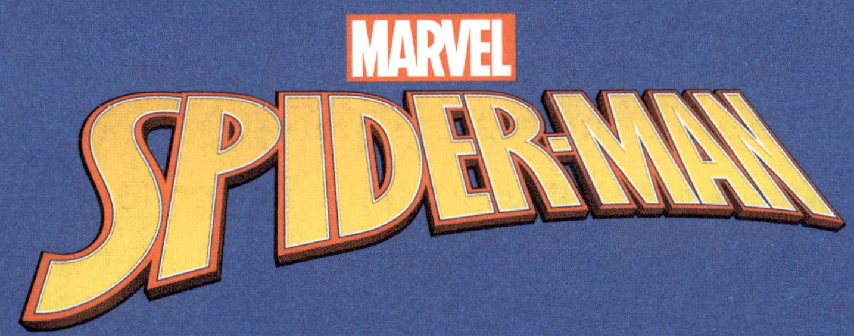

La araña aventurera

—Gracias por ofrecerte como voluntario para proteger la torre mientras los Vengadores están ausentes —le dijo Nick Furia a Spider-Man.

—No hay problema. Puedes contar conmigo —contestó Spidey con un fuerte apretón de manos.

Antes de irse, Nick Furia le dio una instrucción importante: supervisar las cámaras de seguridad.

Pero mirar las cámaras era muy aburrido, así que Spider-Man decidió explorar el laboratorio de Tony Stark. Allí encontró un pergamino que parecía ¡el mapa de un tesoro! Una nota en la vitrina que lo guardaba decía: «¡NO TOCAR!».

Spidey sabía que no debía tocar aquel objeto,
pero su curiosidad pudo más que él.
Desenrolló el pergamino y vio que el documento
estaba lleno de símbolos extraños entrelazados.

Sin pensárselo dos veces, Spider-Man tocó uno de los símbolos. Al instante, se abrió un portal enorme que aspiró al superhéroe. Este perdió la conciencia enseguida.

Cuando volvió en sí, Spidey vio que tenía las manos atadas y que se hallaba en la cubierta de un barco, donde un individuo lo empujaba hacia el enorme pirata que movía el timón.

—Ah, hola, Barbanegra, el pirata más famoso de todos los tiempos —soltó Spider-Man—. Me encantaría quedarme y charlar, pero debo irme.

El capitán Barbanegra vio el mapa en el bolsillo de Spidey y se lo arrebató. Dos hombres de la tripulación empujaron a Spider-Man y lo dejaron sobre un tablón de madera que sobresalía del barco. El capitán lo obligó a retroceder y el lanzarredes chocó contra un hombre que también estaba en el tablón y tenía un garfio a modo de mano izquierda.

—¡Nick! —dijo Spider-Man, sorprendido.

—¿Perdón? —contestó el hombre—. Yo me llamo Furia el Tuerto.

Spider-Man comprendió que era el famoso antepasado del cual Nick Furia le había hablado una vez.

Pero antes de que pudieran decir algo más, ¡Barbanegra los tiró por la borda!

Con rapidez, Spidey usó su superfuerza para desatarse. Luego, con sus redes, se balanceó por encima del agua y cogió a Furia en pleno vuelo. Ambos estaban a salvo en cubierta... o eso creían. Spider-Man estaba desatando a Furia cuando la tripulación de Barbanegra los atacó.

—Tranquilo, yo me ocupo —dijo Spidey mientras cogía el sombrero de Furia—. ¿Puedo? ¡Me encantan los buenos disfraces!

Con gran habilidad, Spider-Man logró atrapar en sus redes a todos los miembros de la tripulación.

De repente, Barbanegra chasqueó los dedos y aparecieron dos mujeres pirata: Sandy Dunes, experta en el uso de la arena como arma, y la Doctora Squidlegs, provista de tentáculos metálicos.

Spidey miró a Furia el Tuerto y le dijo:

—Creo que tendremos que saltarnos la galantería.

Los brazos mecánicos de la Doctora Squidlegs acorralaron a los dos superhéroes y Sandy Dunes originó una enorme tormenta de arena.

—¡Sígueme, Furia! —gritó Spider-Man mientras inutilizaba los tentáculos de la Doctora Squidlegs con sus telarañas.

—¿Esto es todo lo que puedes hacer? —preguntó Furia el Tuerto—. ¡Observa!

El antepasado de Nick pulsó un botón de su manga y el garfio se transformó en un cañón de agua. Al rociar a Sandy Dunes con la sustancia líquida, la arena se disolvió.

De repente, la cubierta empezó a tambalearse. ¡Barbanegra había usado el mapa para abrir un portal! Entonces, Furia usó su cañón de agua para dejar fuera de combate al famoso pirata y a sus camaradas.

—No está mal para un tío con un solo ojo… y una sola mano —reconoció Spider-Man, mientras cogía el mapa y saltaba hacia el portal.

Justo cuando Spidey estaba atravesando el portal, vio que algo cruzaba con él.

El portal trajo a Spider-Man de vuelta al siglo XXI. Todo parecía bastante tranquilo en la Torre de los Vengadores, excepto por un repentino movimiento en una de las pantallas. ¡Era el loro de Barbanegra! Spider-Man tuvo que atrapar al criminal plumado antes de que destrozara todos los muebles de la instalación.

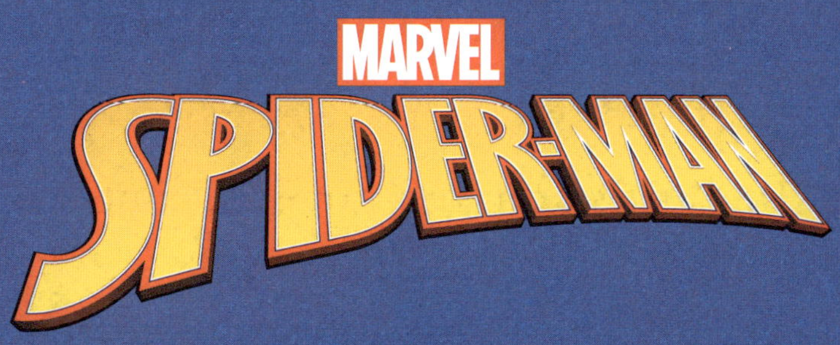

Un lagarto anda suelto

El Dr. Curtis Connors, también conocido como el Lagarto, estaba en peligro. Peter lo supo en cuanto vio su foto en la portada del *Daily Bugle*.

Cuando Peter llegó al periódico, J. Jonah Jameson lo llamó a su despacho.

—Parker, el Lagarto está haciendo de las suyas otra vez y necesito fotos. Apáñatelas como sea, pero tráelas —exigió el director del diario.

—No hay problema, las tendrá —le aseguró el joven reportero.

Martha, la esposa del Dr. Connors, estaba preocupada. Su esposo había estado trabajando toda la semana en un suero destinado a estimular un nuevo crecimiento del brazo que le faltaba.

Pero ella sabía que esa fórmula acarreaba unos efectos secundarios muy graves: ¡transformaba al Dr. Connors en un malvado villano llamado el Lagarto!

Spider-Man encontró a la señora Connors sentada en el porche de su casa, mirando una fotografía de su marido.

—Por favor, tienes que llevarlo al laboratorio y administrarle el antídoto —le imploró la mujer a Spidey.

Spider-Man buscó por toda la ciudad de Nueva York hasta que vio al Lagarto. Lo obligó a entrar en una heladería para encerrarlo en el congelador y dejarlo así sin fuerzas, pero, desgraciadamente, el villano escapó.

—No me gustan los helados —siseó el Lagarto.
—Pues yo los adoro —replicó Spidey—, y hoy me apetece probar un sorbete de reptil.

Spider-Man persiguió al Lagarto, que trepaba por el edificio del laboratorio del Dr. Connors.

—Si entras, te aseguro que no saldrás —soltó Spidey con firmeza.

Spider-Man entró en el laboratorio por una ventana y se hizo con el antídoto. De repente, el Lagarto atravesó la puerta de la habitación, seguido de un grupo de reptiles enfurecidos.

El villano les debía haber suministrado algo para controlar sus mentes.

—¡Qué asco! —exclamó Spider-Man cuando una serpiente se le enrolló en la pierna. Mientras le atacaban cada vez más reptiles, Spidey lanzó una red tras otra sobre el Lagarto.

El villano se deshizo de todas las redes, acorraló a Spidey y lo atacó con la cola. El grupo de reptiles volvió al ataque y Spider-Man empezó a dudar de si conseguiría derrotar al Lagarto y al ejército de sabandijas de sangre fría que lo rodeaban.

El héroe estaba en plena batalla contra los reptiles cuando el Lagarto le tiró una mesa.

—¡Contrólese, Dr. Connors! —gritó Spidey—. ¡Tiene que detener al Lagarto!

Tras un par de piruetas, Spider-Man logró recuperar el antídoto, que antes le había arrebatado el villano. El Lagarto, rabioso, ordenó a los reptiles que atacaran a Spidey y lo inmovilizaran, pero este pudo liberar el brazo izquierdo para agarrar el antídoto y vertirlo en la boca del villano.

En cuestión de segundos, el Lagarto empezó gradualmente a adquirir la apariencia del Dr. Connors. Spider-Man se alegró mucho al ver su rostro familiar y amistoso.

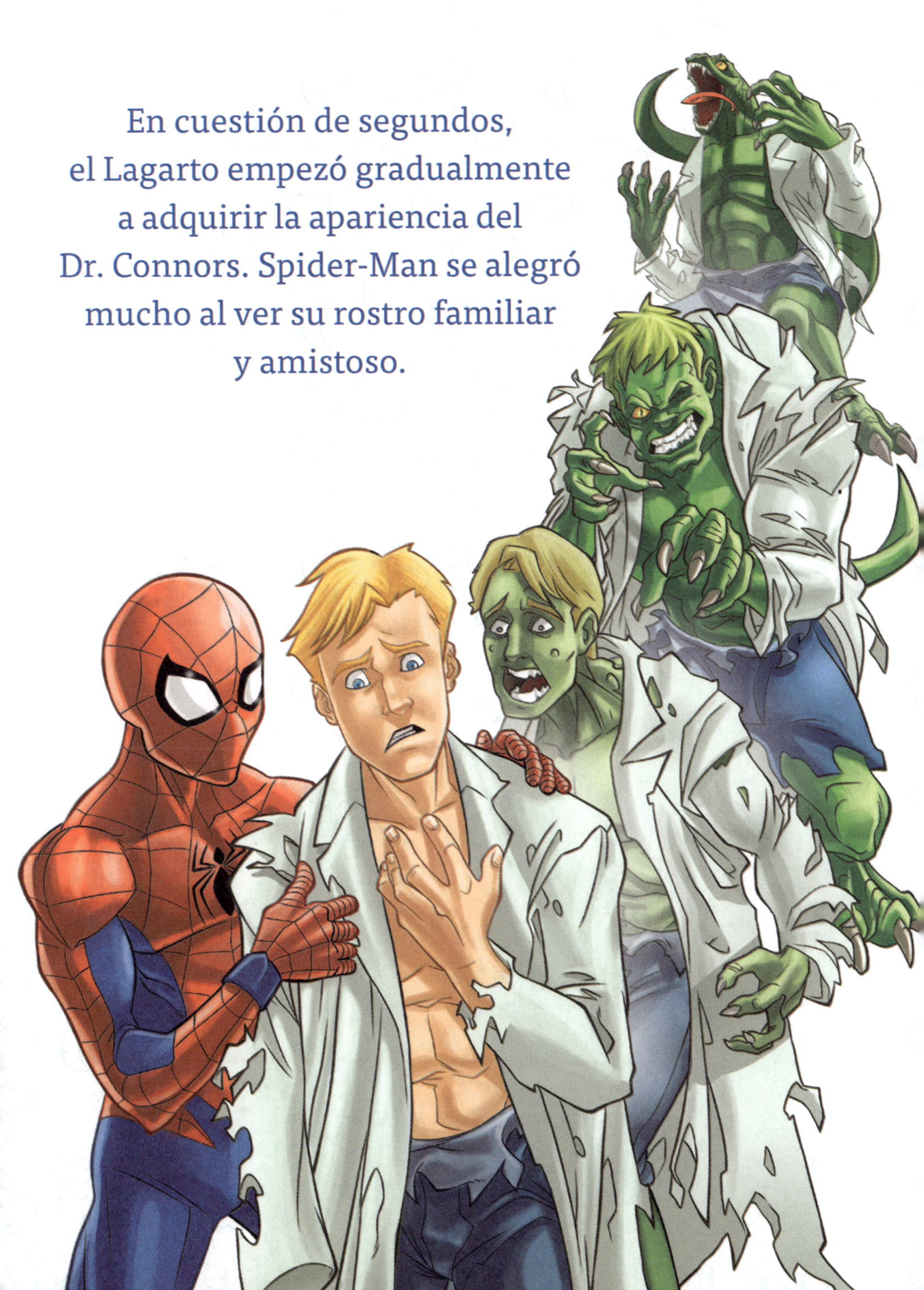

Una hora más tarde, la señora Connors tuvo a su marido de vuelta, y J. Jonah Jameson, sus fotografías de portada. ¡Todos estaban contentos!

Cuando Peter llegó a casa, se encontró con una de las fantásticas comidas caseras de su tía May.

—¿Qué tal el día, Peter? —preguntó la mujer.

El joven no supo qué decir. Ella no sabía que era Spider-Man y, ciertamente, Peter no podía explicarle su pelea con el Lagarto.

—¡Deja espacio para el postre! —le dijo la tía May—. He comprado tu helado de chocolate preferido.

«Mmmm... —piensa Peter—. ¡Creo que esto es mucho mejor que un sorbete de lagarto!».

MARVEL

SPIDER-MAN

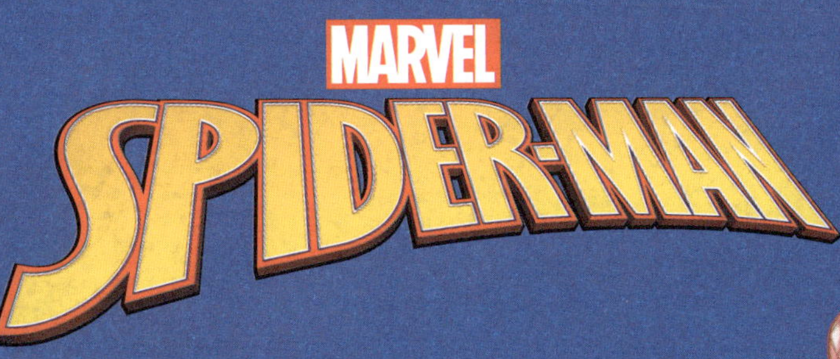

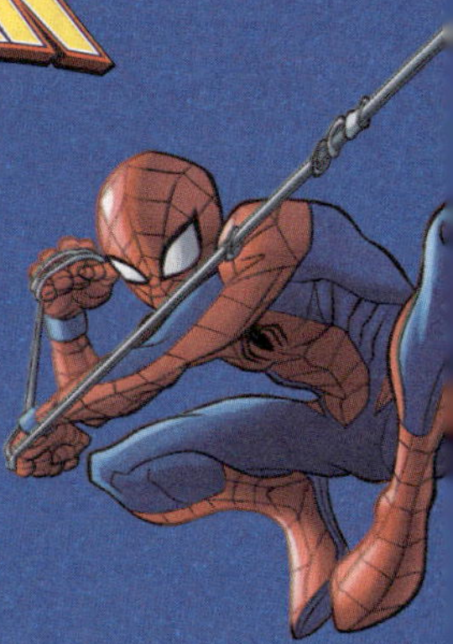

A la caza de Black Panther

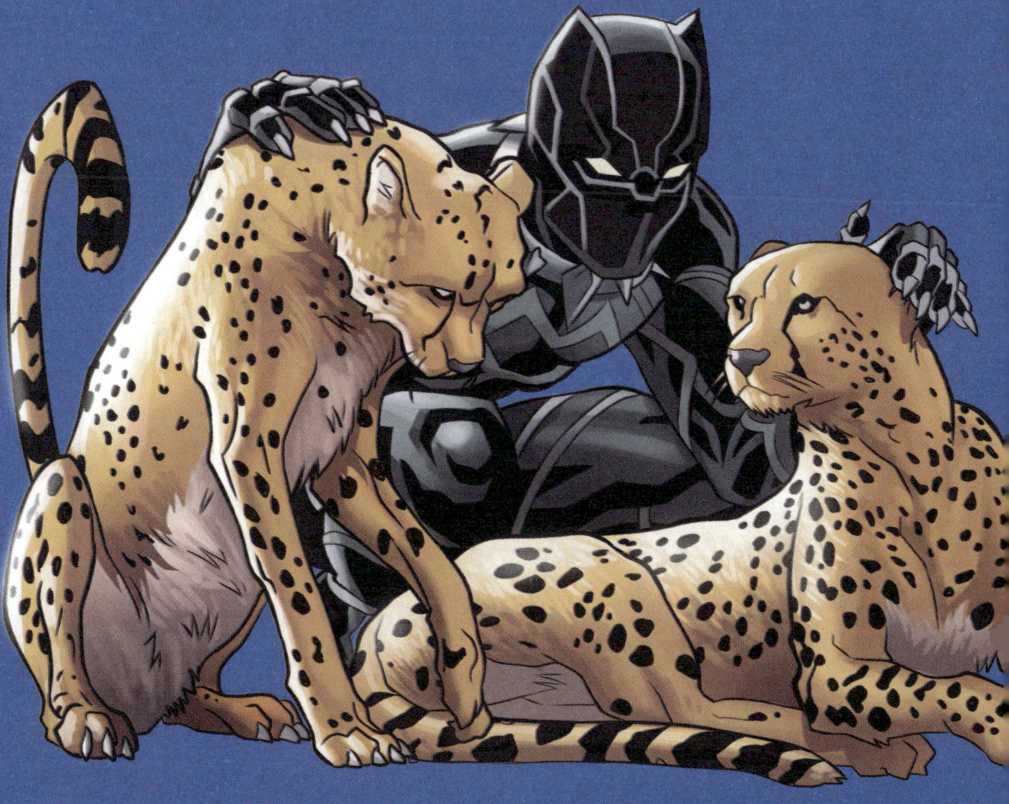

Kraven el Cazador había capturado un par de guepardos, pero no se sentía tan realizado como solía pasarle después de una buena cacería. Deseaba una nueva presa, una que fuera un reto de verdad. Pero ¿dónde podía encontrar un rival así?

Unos días más tarde, el *Daily Bugle* envió a Peter a fotografiar la conferencia anual sobre la Protección de Animales en Peligro de Extinción. El discurso inaugural lo daba el mismísimo T'Challa, rey de la nación africana Wakanda.

Igual que Peter, T'Challa también tenía un secreto: ¡era el superhéroe Black Panther!

—Para proteger a los animales de la Tierra —empezó a decir el rey—, nuestro deber es luchar contra los cazadores ilegales y furtivos.

Kraven supo que esta conferencia era el sitio ideal para encontrar a su próxima presa: ¡Black Panther! El villano irrumpió en la sala por una ventana superior.

—¡T'Challa! —rugió —, solicito un encuentro con Black Panther.

—¡Black Panther jamás se doblegará ante ti! —respondió T'Challa frunciendo el ceño.

Entonces, Kraven soltó un silbido agudo y aparecieron dos guepardos que saltaron sobre la gente.

—¡Nadie se irá de aquí hasta que Black Panther sea mío! —ordenó Kraven. Peter sabía que tenía que actuar con rapidez.

Mientras tanto, las escoltas de T'Challa, las Dora Milaje, intentaron poner al rey de Wakanda a salvo.

—Ahorraos el esfuerzo —ordenó el rey—. Es hora de que Black Panther ataque.

Cuando Black Panther se dio la vuelta,
¡vio que Spider-Man se había unido a él!
—¿Qué haces aquí? —preguntó Black Panther.
—Yo me encargo de estos gatos grandullones.
—respondió Spidey burlonamente.

—¡Soo, gatito bueno! —exclamó Spider-Man cuando el guepardo arremetió contra él. Con rapidez, Black Panther agarró al felino antes de que hiriera a Spidey, que hizo una reflexión en voz alta:

—Mi instinto animal me dice que estas fieras están aquí en contra de su voluntad.

De pronto, Kraven le tiró una lanza a Spider-Man, pero este se apartó justo a tiempo.

—Yo calmaré a los guepardos mientras tú te ocupas de Kraven —dijo Black Panther a Spider-Man, que asintió.

Para mantenerlos tranquilos, Black Panther acariciaba la cabeza de los guepardos. Sabía cuáles eran los puntos de presión más eficaces para tal fin.

Por su lado, Peter se encaró con el malvado cazador.

—No eres más que un ridículo insecto —dijo Kraven con soberbia—. No he venido aquí a por ti, pero si debo capturarte ¡lo haré!

Entonces, empezó a lanzar cuchillos al superhéroe, que uno tras otro los iba esquivando.

—¿Qué pasa, Kraven? —preguntó Spidey riendo—. ¿No puedes atrapar a una arañita?

Kraven no podía concentrarse en la lucha contra los dos superhéroes porque estaba pendiente de dar órdenes a los guepardos. Spidey aprovechó el momento para desarmarlo con sus lanzatelarañas y darle a Black Panther la ocasión perfecta para atacar.

—¡Ahora pagarás por todos los crímenes que has cometido contra el reino animal! —exclamó Black Panther, antes de darle el golpe final.

—¿Qué pasa, Kraven? ¿No te gusta estar en cautividad? —soltó Spider-Man sonriendo.

Black Panther se dirigió al público de la conferencia.

—¡Estáis a salvo! Estas criaturas majestuosas no son el enemigo. Merecen respeto y compasión. Y gracias, Spider-Man, por ayudarme a salvarlas.

—¡Vaya! Muchas gracias, Black Panther —respondió Spidey sorprendido—. Puede que no sea el mejor momento, pero ¿te importa que nos hagamos una selfi?

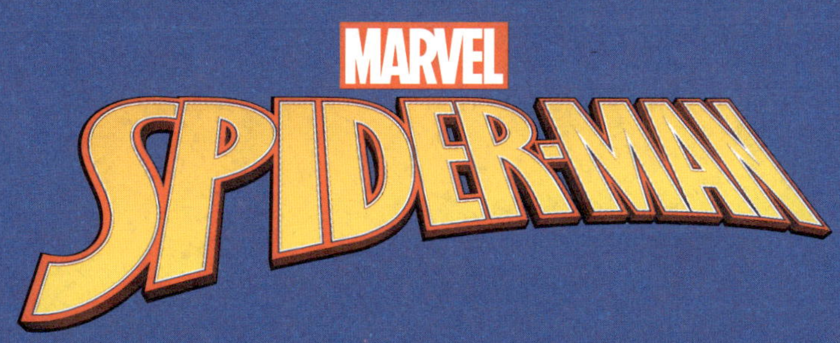

Buscando manchas

Era un día bonito y soleado, y Peter Parker y Gwen Stacy paseaban por Central Park. De pronto, les apeteció comer un perrito caliente. Peter se dispuso a pagar al vendedor del puesto, pero Gwen se anticipó:

—Nada de esto, yo invito.

SNACK ST

En ese instante, un extraño círculo negro apareció debajo del bolso de Gwen. De aquella especie de agujero salió un brazo blanco que le arrebató el bolso a la chica. De otro círculo que apareció por encima de sus cabezas salió la cabeza de un hombre.

De pronto, sonó una voz amenazadora:

—Lo siento, pero creo que hoy no va a haber perritos calientes para vosotros, chicos.

El ladrón y los círculos negros desaparecieron
tan rápido como habían aparecido.
Peter estaba furioso.
—¡Espera aquí! —le dijo a Gwen.
Y antes de que la chica pudiera decir nada,
Peter se había esfumado.

Peter se escabulló y se metió en un callejón para ponerse el traje de Spider-Man y perseguir al ladrón, que, según había leído en el periódico, se llamaba Mancha.

—¡Ah! ¡Aquí estás! —exclamó Spider-Man de repente.

Spider-Man consiguió evitar que Mancha robara el bolso de una joven que pasaba por allí. De repente, un montón de círculos negros aparecieron alrededor de Spidey. De ellos salían puños que le golpeaban. Mancha iba apareciendo y reapareciendo en diferentes direcciones.

El villano era tan rápido que ni siquiera el sentido arácnido de Spider-Man podía seguirle el ritmo. Spidey supo que necesitaría ayuda para derrotar al villano. Por suerte, sabía a quién llamar.

Spidey voló hasta una iglesia abandonada con la esperanza de que sus amigos siguieran usándola como escondite.

—Si alguien puede ayudarme, son estos dos —dijo. Aunque no habían formado equipo muchas veces, y uno de los dos era un poco espeluznante, Spider-Man sabía que podía contar con su ayuda.

—¡Capa! ¡Puñal! Cómo me alegro de veros —dijo Spider-Man—. Necesito vuestra ayuda.

Enseguida les explicó su encuentro con Mancha.

—Recientemente he notado que alguien se está aprovechando de mi fuerza de teleportación —apuntó Capa—. Parece que ese tal Mancha y yo tenemos una conexión a través de múltiples dimensiones.

Eso le dio una idea a Puñal.

—Si somos capaces de seguir la energía que siente Capa, podría guiarnos hasta Mancha. Luego podríamos atraparlo ahí con mis dagas de luz, absorbiendo su energía vital.

Una vez establecido el plan, los héroes se sumieron en la oscuridad del manto de Capa y desaparecieron.

El trío reapareció en el escondite secreto de Mancha. Estaba lleno de bolsos, joyas y otros objetos que el ladrón había robado.

Mancha se arrancó los discos teleportadores de su traje, los esparció por la sala y empezó a zambullirse en ellos. ¡Estaba listo para atacar! Pero, entonces, Puñal lanzó unos cuchillos de luz que rompieron los círculos oscuros. Su luz llenó la oscuridad de la que Mancha se alimentaba y este se quedó sin escondite y sin vía de escape.

Spider-Man lo envolvió con sus telarañas para que no intentara volver a teleportarse.

—Hmm, parece que has perdido. ¿Eso va a ser una *mancha* en tu expediente? —se burló Spidey.

Puñal se rió entre dientes con el chiste malo de Spider-Man, y Capa conservó su mirada helada, sin titubear.

Los héroes ayudaron a devolver
los objetos robados.

De vuelta en Central Park, Peter Parker corrió hacia Gwen. Un policía le estaba devolviendo el bolso.

—¡Gwen! ¡Te lo han devuelto! —exclamó el joven.

—¡Ha sido increíble, Peter! Spider-Man ha atrapado al ladrón y ha recuperado todos los objetos robados, incluido mi bolso.

—Me hubiera gustado ayudarte —dijo Peter sonriendo.

—Bueno, igualmente te has ganado este perrito caliente por tu valentía —dijo Gwen, mientras pagaba al vendedor—. Como dije, invito yo.

MARVEL

SPIDER-MAN

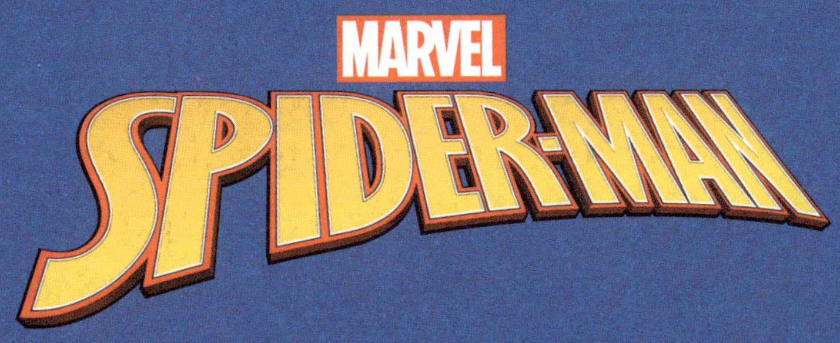

El increíble Spider-Hulk

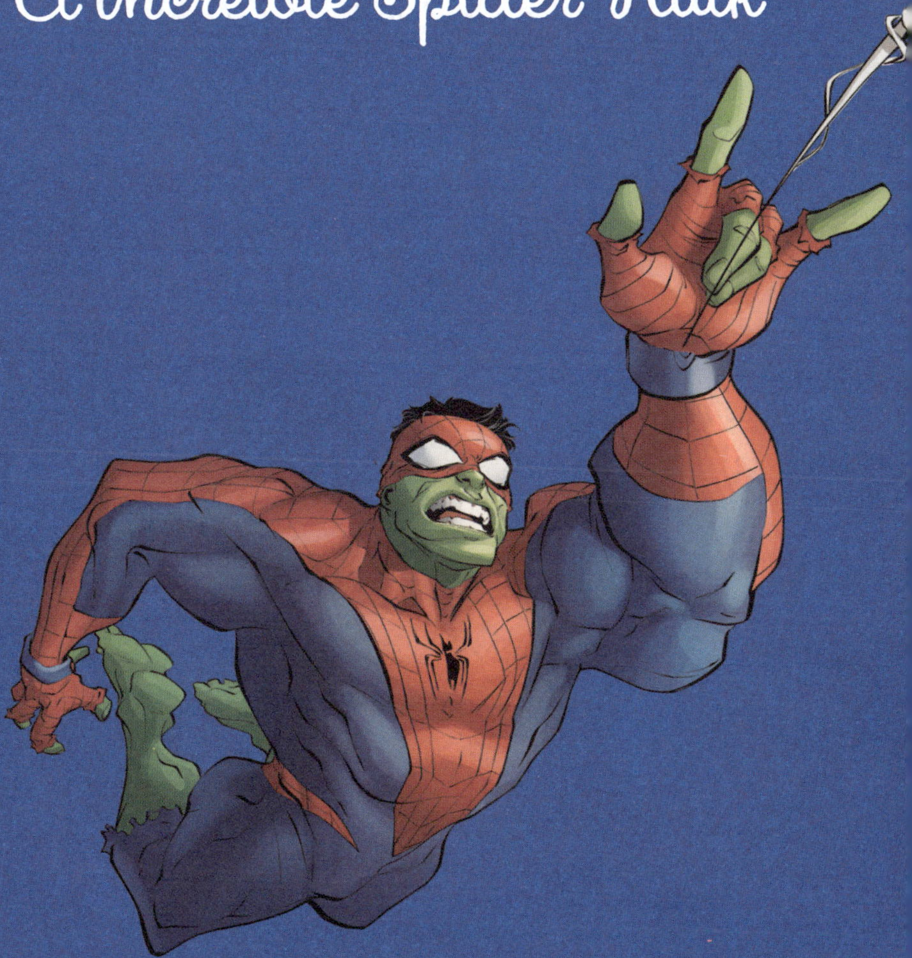

Aquella noche, Spider-Man y los vengadores se fueron a cenar a un restaurante para celebrar su victoria sobre Ultrón. Iron Man aprovechó la ocasión para retar a Hulk a un pulso.

—Hulk fuerte. Demasiado fácil —dijo Hulk.

«Si tuviese la fuerza de Hulk —pensó Spidey—, ¡sería el superhéroe perfecto!».

Al salir del restaurante, una niña le pidió un autógrafo a Hulk. Cuando este cogió el lápiz de la pequeña, lo rompió sin querer.

—Eh, amigo, ¿a qué viene esa cara?
—preguntó Spidey a Hulk.
El héroe verde le confesó que, a veces, desearía ser como él.
—Mira por dónde —dijo Spider-Man—.
Yo, a menudo, quiero ser como tú.
En aquel instante, recibieron un mensaje de Nick Furia. Quería mostrarles su nuevo invento.

En el cuartel general de S.H.I.E.L.D., Nick Furia, el director de la agencia, presentó una máquina nueva que tenía la capacidad de intercambiar temporalmente las habilidades de dos superhéroes. De este modo, podrían coger a los supervillanos desprevenidos. Spidey y Hulk no se lo podían creer. ¡Sería como intercambiarse! Enseguida se ofrecieron voluntarios para probar el nuevo artilugio.

Los dos héroes se situaron sobre una cruz roja que había pintada en el suelo. Furia activó el dispositivo y la máquina lanzó un rayo de color púrpura que envolvió a los dos valientes. De repente, el artilugio se sobrecalentó y causó una explosión. Cuando el humo se disipó, una extraña criatura ocupaba el lugar de Hulk y Spider-Man. Los dos héroes se habían fusionado en un ser híbrido: ¡Spider-Hulk!

Spider-Hulk se vio reflejado en la armadura de Iron Man. Confuso y frustrado por su extraño aspecto, no pudo controlar sus sentimientos.

—¡Insecto-Hulk APLASTA! —gritó, golpeando el suelo con los puños.

—¡Descanse, soldado! —gritó el Capi, intentando calmar a la criatura. Pero antes de que pudiera continuar, Spider-Hulk cogió el escudo del Capi y lo lanzó contra la pared. Luego, asustado, se dio la vuelta y atravesó una ventana, haciéndola añicos. ¡Se dirigía a la ciudad! Los Vengadores fueron tras él.

Spider-Hulk sentía dos voces distintas en su cabeza. Solo quería alejarse de aquellos que intentaban capturarle. Lanzó una red para neutralizarlos, pero la telaraña cedió debido a su peso y cayó al suelo.

Ojo de Halcón pensó un plan mientras el híbrido estaba momentáneamente fuera de combate. A veces, él conseguía calmar a Hulk con una historia, así que sacó un libro y empezó a leer para Spider-Hulk. El plan funcionó demasiado bien. El héroe híbrido pensó que era la hora de irse a la cama y se apresuró a buscar un aperitivo de medianoche.

Eso le dio una idea a la Viuda Negra: atraer a Spider-Hulk hasta el cuartel general de S.H.I.E.L.D. mediante la única cosa en común que tenían Spider-Man y Hulk: las ganas de comer a todas horas. Cuando Thor y la Viuda Negra hallaron a Spider-Hulk saqueando los puestos de perritos calientes de la ciudad, intentaron atraerlo con un pastel de chocolate.

Pero antes de que Thor pudiera llevarlo de vuelta al cuartel general ¡Spider-Hulk ya había engullido el pastel entero! ¡El nuevo superhéroe tenía superapetito!

Iron Man sabía que Spider-Man era en realidad Peter Parker, un adolescente que no podía resistirse a las famosas tortitas de su tía May. Así que pidió a su cocinero que hiciera una montaña de tortitas.

A continuación, empezó a dejar un rastro de tortitas por toda la ciudad para que Spider-Hulk lo siguiera. ¡Funcionó! Spider-Hulk devoró una tortita tras otra, acercándose cada vez más a la máquina que había provocado todo este caos.

Spider-Hulk estaba tan ocupado devorando tortitas que no se dio cuenta de que estaba sentado justo encima de la gran cruz roja.

Engulló el último trozo de tortita y dijo:

—Spider-Hulk quiere sirope de...

Pero antes de que pudiera acabar la frase, Nick Furia activó el botón de revertir y un rayo de energía salió disparado hacia Spider-Hulk.

Cuando la luz se desvaneció, aparecieron Spider-Man y Hulk.

—Hoy he aprendido algo —le dijo Spidey a Hulk—. Solía querer ser como tú, pero siendo Spider-Hulk no me sentía yo mismo. Me gusta como soy.

—Hulk también ha aprendido algo —dijo el gigante verde asintiendo—. ¡El diminuto disfraz de Insecto-Man no queda bien en un cuerpo tamaño Hulk!

Un apagón acalorado

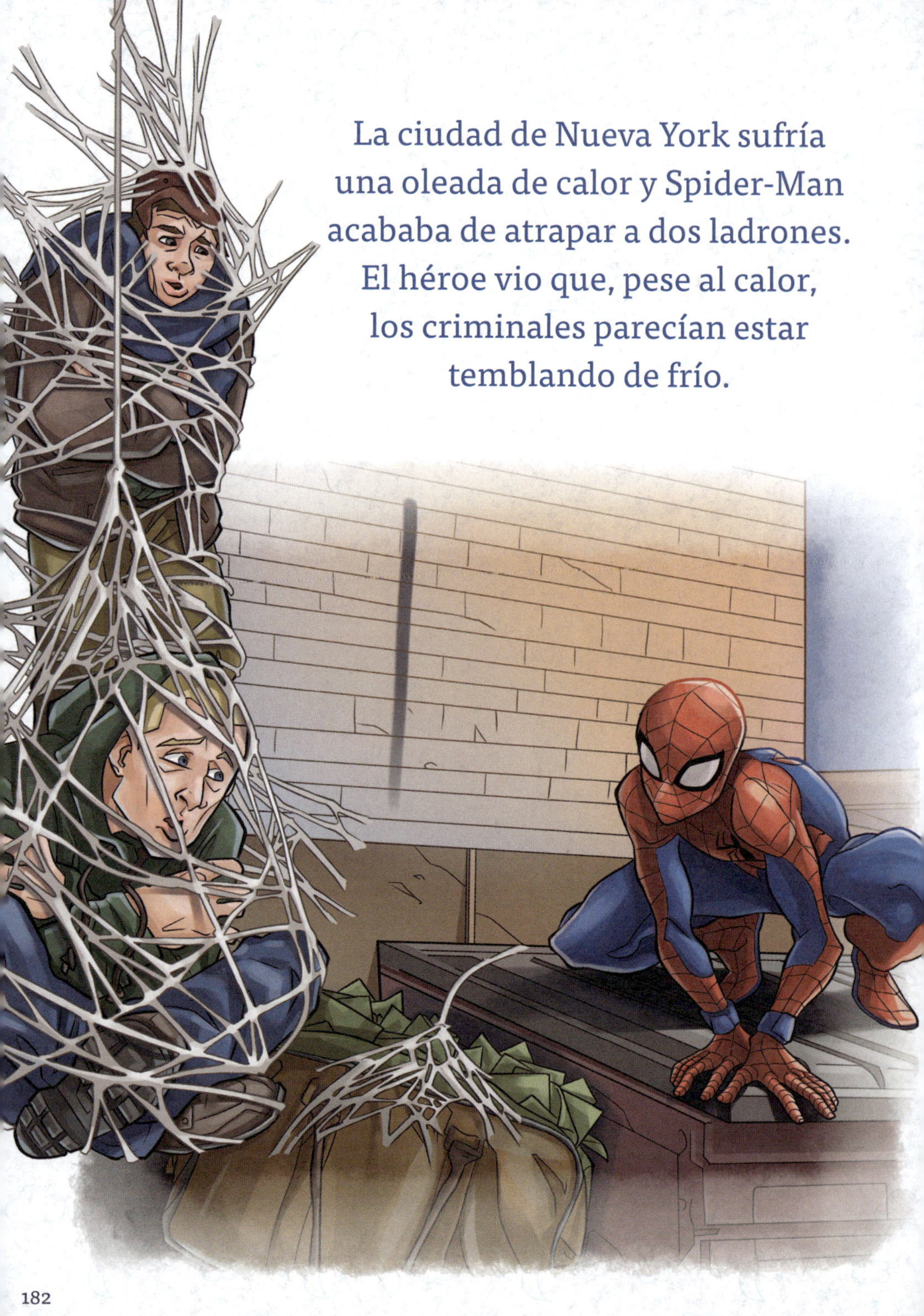

La ciudad de Nueva York sufría una oleada de calor y Spider-Man acababa de atrapar a dos ladrones. El héroe vio que, pese al calor, los criminales parecían estar temblando de frío.

De pronto, el viento empezó a soplar con fuerza y la temperatura bajó en picado. «Vale, quizá hoy hace un poco más de frío», pensó Spidey.

En el cielo había aparecido un portal enorme del cual salían ráfagas de nieve.

Loki, el dios del engaño de Asgard, ¡estaba en lo alto de un rascacielos sosteniendo un Cubo Cósmico! Spider-Man fue hasta allí para enfrentarse al supervillano y le dijo en tono burlón:

—¿Estás intentando destruir la Tierra con unos copitos de nieve?

—Espera a que te presente a mis amigos
—dijo Loki, riendo.

De repente, ¡unos Gigantes de Hielo salieron del portal! Aplastaron todo lo que encontraron a su paso por las calles de la ciudad e hicieron estallar las pantallas publicitarias.

—Gracias al Cubo Cósmico, ¡todos están bajo mi control! —se enorgulleció Loki. Spider-Man sabía muy bien lo que debía hacer y entró en acción.

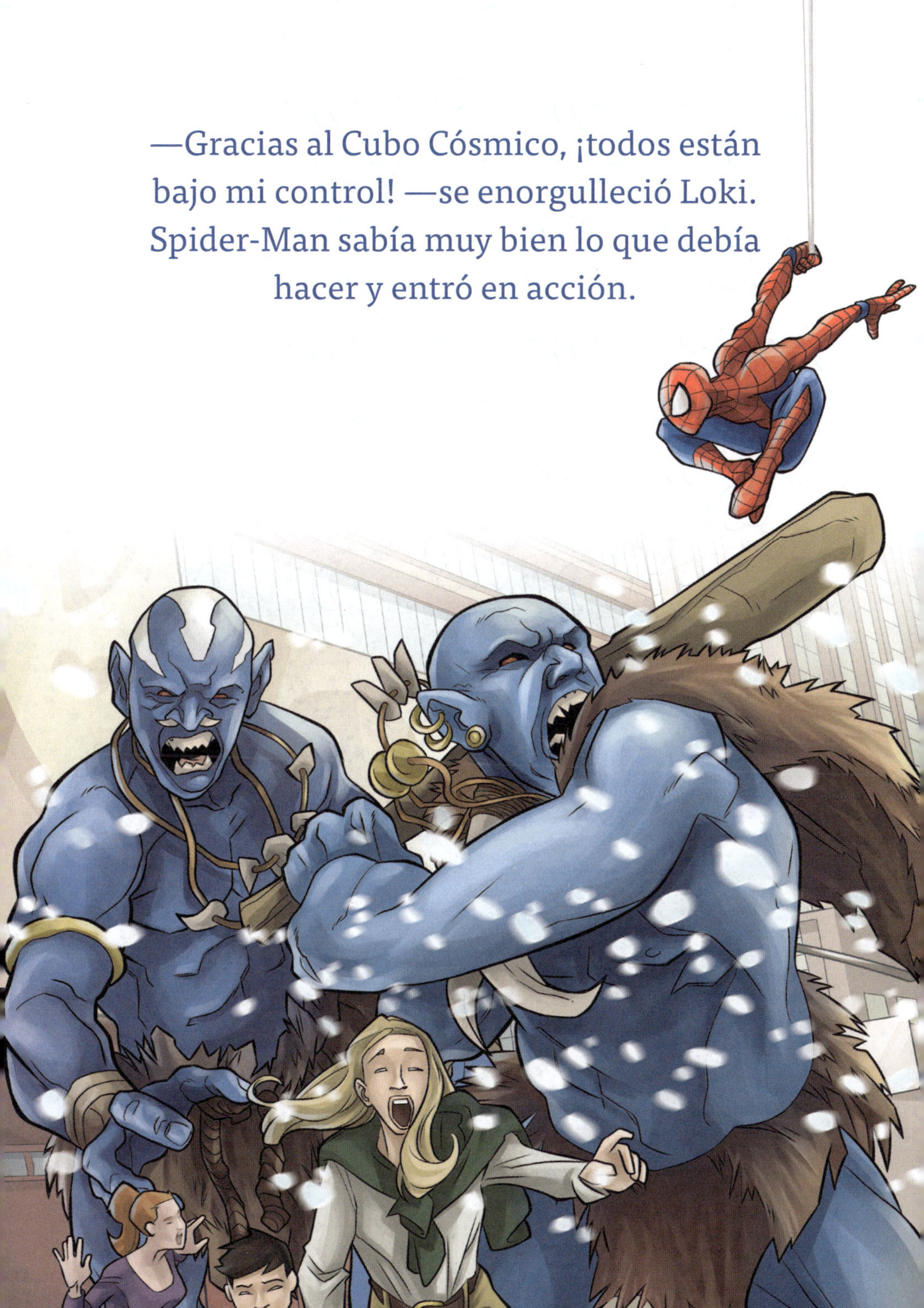

Spidey lanzó sus telarañas hacia uno de los gigantes mientras un garrote pasó rozando su cabeza.

—¿Qué pasa? ¿Es que me has confundido con un bicho? —bromeó el héroe.

Se miró su propio traje y añadió divertido:

—Ah… bueno, vale, sí… No te culpo.

Los Gigantes de Hielo seguían destruyendo la ciudad. Entonces, Spider-Man disparó una red a lo ancho de la calle. Esperaba que esta barrera detuviera la marcha de aquellos energúmenos. Parecía que finalmente los Gigantes de Hielo se iban a detener cuando... ¡BUUM! Spider-Man observó atónito cómo derribaban su barrera, provocando la caída de las dos vallas publicitarias que la sostenían.

Justo en aquel momento, Spider-Man
vio el Quinjet de los Vengadores en el cielo.
—¡Ya era hora! —exclamó.
El jet aterrizó en una azotea cercana y Spider-Man
se acercó. Al bajar la rampa de carga, vio que solo
descendía un hombre. Un héroe muy pequeño.

—¡¿Ant-Man?! —dijo Spider-Man sorprendido.

—Furia me pidió que viniera a echarte una mano —respondió el recién llegado.

—No te ofendas, pero esperaba recibir un apoyo más grande —se lamentó Spidey—. ¿Cómo podrán dos bichos como nosotros detener a unos gigantes?

Sin mediar palabra, Ant-Man se subió a la espalda de su amigo y ambos se sumieron de nuevo en el caos invernal.

En cuanto Spider-Man y Ant-Man volvieron con los Gigantes de Hielo, uno de ellos les lanzó un coche.

—¡Cuidado! —exclamó Ant-Man.

—¡Ya lo había visto! —respondió Spider-Man esquivando el vehículo— ¡Pero esta nevada no facilita las cosas y temo resbalar! ¿Alguna idea?

—Sí—dijo Ant-Man—. Llévame a la Times Tower, el edificio más iluminado de la ciudad.

Al acercarse a la torre, Ant-Man saltó de la espalda de Spidey justo antes de que un Gigante de Hielo agarrara una de las redes del hombre araña y lo hiciera caer.

Ant-Man sabía que Spidey no podría retener a los gigantes por mucho tiempo. Se escurrió entre las vallas publicitarias y accedió a la red eléctrica urbana.

—¡Eh, abusones! —gritó Ant-Man—
¿Qué tal si subimos la temperatura?
Las calles y las pantallas publicitarias empezaron a iluminarse hasta emitir una luz cegadora. Golpeados por un montón de megavatios de energía, los Gigantes de Hielo pronto empezaron a derretirse y a desvanecerse por completo.

—¿Esto lo has hecho tú, Spider-Man? —preguntó incrédulo Loki.

—Sí, con la ayuda de un amigo —le respondió Spidey mientras lo ataba con sus redes. ¿No está mal para un par de bichos, eh?

Entonces, Spider-Man le arrebató el Cubo Cósmico a Loki. Gracias a la energía del objeto, Spidey abrió un portal y envió a Loki de vuelta a Jotunheim, su planeta natal.

—Hemos derrotado a Loki, derretido a un puñado de Gigantes de Hielo y provocado un apagón en Times Square —enumeró Ant-Man con orgullo—. Para celebrarlo, mis hormigas y yo te desafiamos a una pelea de bolas de nieve.

—¡Hecho! —rió Spidey.

MARVEL

SPIDER-MAN

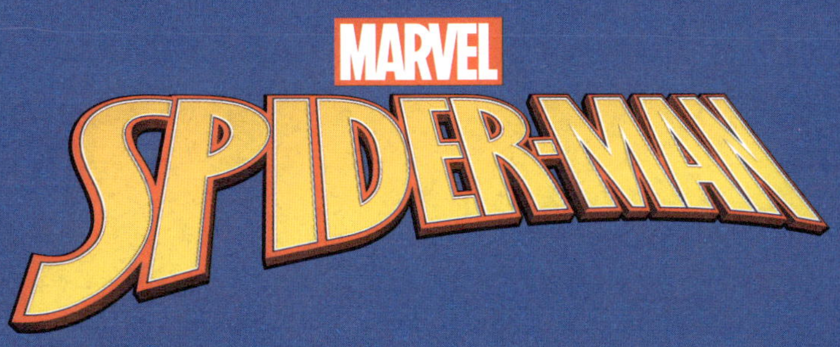

Un ataque de lo más inesperado

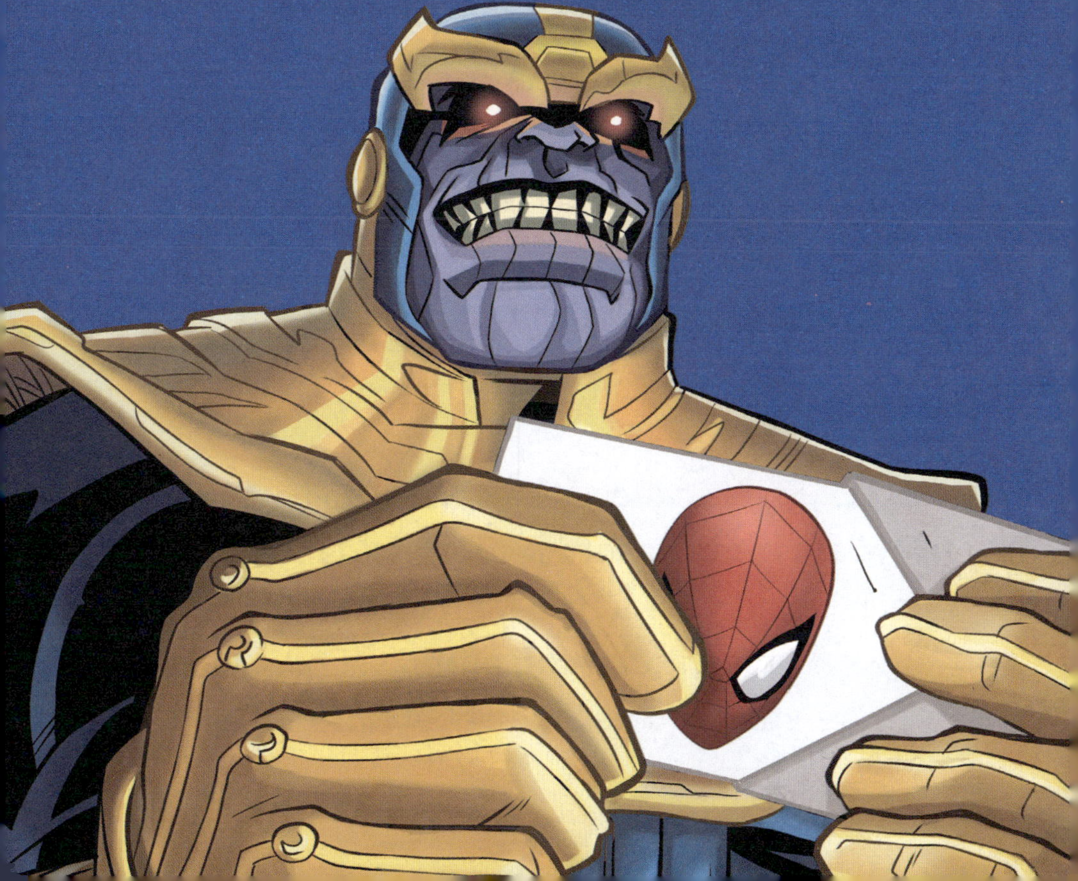

¡BOOM! En las calles de la ciudad de Nueva York se oyó un ruido ensordecedor. Spider-Man miró hacia abajo y vio a Iron Man luchando contra un extraño villano con plumas. Era el viejo enemigo de Spidey: ¡el Buitre!

El hombre araña bajó en picado para ayudar a su amigo. En pocos segundos, derrotaron al villano.

—Gracias, chico
—le dijo Iron Man a Spidey.

—De nada, Sr. Stark
—respondió Spider-Man.

—Sabes —añadió Iron Man—, las victorias más importantes se consiguen trabajando en equipo, ya que todo héroe tiene sus fortalezas y debilidades.

—Yo suelo trabajar solo —replicó Spider-Man.

—De acuerdo, pero no es ninguna vergüenza necesitar ayuda —dijo Iron Man sonriendo—. Nos vemos, chico.

Mientras Iron Man se alejaba, Spider-Man se puso a pensar en cómo admiraba a los otros superhéroes y lo mucho que tenía que agradecerles. Eso le dio una idea: ¿Y si organizaba una fiesta para ellos? Se lo merecían; al fin y al cabo, salvaban el mundo cada día. Además, así también podría demostrar de lo que era capaz.

Esa noche, Peter Parker escribió invitaciones para todos los superhéroes que le vinieron a la cabeza. Decidió que Central Park era el sitio ideal para celebrar la fiesta y que haría un pastel y, quizá, también una piñata. ¡Iba a ser alucinante!

Pero una de las invitaciones llegó por accidente a manos de Thanos, el supervillano cósmico.

—¿Los héroes más poderosos de la Tierra reunidos en el mismo sitio? —se regocijó Thanos, leyendo la invitación— ¡Es mi gran oportunidad para destruirlos a todos de un solo golpe!

La fiesta de Peter iba genial. ¡Asistieron todos los invitados y cada uno aportó algo! Hulk, un pastel verde; el Doctor Strange, un espectáculo de luces; Ojo de Halcón, un juego de Whac-A-Mole indestructible que se le resistía a Thor; el Capitán América y la Viuda Negra, el juego del *frisbee* con el escudo del Capi; y Black Panther y Ant-Man, el juego de ponerle el cetro a Loki. ¡Lo estaban pasando genial!

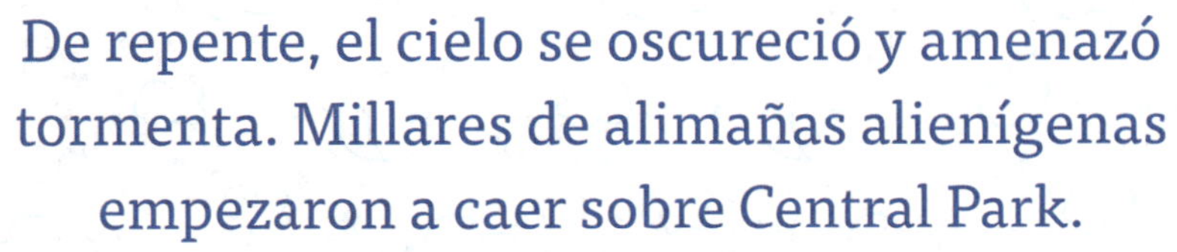

De repente, el cielo se oscureció y amenazó tormenta. Millares de alimañas alienígenas empezaron a caer sobre Central Park.

—¡Son los Chitauri! —exclamó la Viuda Negra.

Todos se prepararon para atacar.

La Viuda Negra eliminó a unos cuantos Chitauri de golpe con sus brazaletes electrostáticos, mientras Thor se abría paso entre una docena de ellos con su martillo. Iron Man y el Capitán América los hacían añicos. Black Panther los cortaba con sus zarpas y Hulk... Bueno, Hulk lo APLASTABA todo. Spider-Man se unió a la batalla disparando redes a una velocidad increíble.

Los mejores superhéroes del mundo, incluyendo a Spider-Man, pelearon fuerte y vencieron. Pero entonces, tras un fuerte chasquido, el cielo se abrió de par en par y apareció Thanos.

—¡Lo tengo! —gritó el Capitán América.

Pero Thanos reaccionó y lo lanzó contra un árbol. Black Panther quiso darle una patada, pero el golpe le rebotó en el pecho. La magia del Dr. Strange no pudo contener al villano, y la flecha más afilada de Ojo de Halcón fue inútil. Uno a uno, los héroes fueron derrotados.

Spider-Man recordó lo que le había dicho Iron Man una vez: «Las victorias más importantes se consiguen trabajando en equipo».

—¡Chicos! —gritó Spidey— ¡Tenemos que cooperar! Hay que invertir el portal —añadió con firmeza—. ¡Venga, héroes, deshagámonos de este gigante de una vez!

Al final de la batalla más feroz de la historia de Central Park, Spider-Man y sus heroicos amigos desterraron a Thanos a una dimensión lejana del multiverso.

—Aprendiste bien la lección —le dijo Iron Man a Spidey, rodeándolo con su brazo metálico—. Eres un chico listo y muy fuerte.

—Sí, quizá incluso más que tú —dijo Spidey sonriendo.
—Bueno, tampoco te pases —contestó Iron Man.
Al final, Spider-Man se había ganado un sitio entre los mejores héroes de su tiempo. ¡Había trabajado en equipo y había salvado el mundo!

 Títulos de la colección 

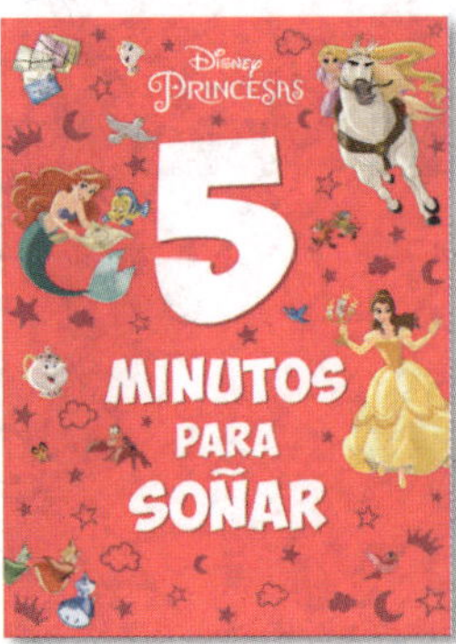

Publicado en España por Editorial Planeta, S. A., 2023
Avda. Diagonal, 662-664, 08034 Barcelona (España)
www.planetadelibrosinfantilyjuvenil.com
www.planetadelibros.com
Primera edición: abril de 2023
ISBN: 978-84-18610-38-7
Depósito legal: B. 5311-2023
Impreso en España

El papel utilizado para la impresión de este libro está calificado como papel ecológico y procede de bosques gestionados de manera sostenible.